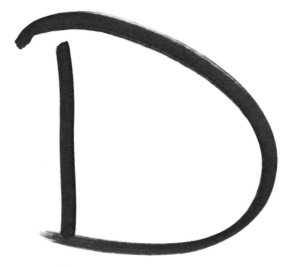

Este libro
pertence a:

....

....

Mi amiga tiene
el síndrome de Down

Texto: *Jennifer Moore-Mallinos*

Ilustraciones: *Marta Fàbrega*

BARRON'S

¿Has tenido alguna vez un amigo o amiga especial?

¡Yo sí! Se llama Tammy y es mi mejor amiga. La conocí el año pasado en el campamento de verano . . . uno de esos al que vas durante el día pero luego vuelves a casa a dormir. Hace ya algunos años que voy a ese campamento, pero el del verano pasado fue el mejor porque allí conocí a Tammy.

Como cada año, lo primero que hicieron en el campamento fue separar a los niños en grupos. Había un grupo de niños pequeños, otro de niños medianos y también uno de niños mayores. Yo estaba en el grupo del medio: el de los niños de siete, ocho o nueve años, porque yo tenía ocho.

La monitora de nuestro grupo se llamaba Teresa. Era muy agradable y todos los días nos preparaba actividades muy divertidas. Por ejemplo, íbamos a pescar desde el muelle del lago o a nadar. A veces jugábamos al volley-playa o a perseguirnos y todos los viernes hacíamos manualidades. Además, el verano pasado fue la primera vez que todos los niños pudimos participar en un concurso de habilidades, incluso los más pequeños.

 Al final de la primera semana de campamento, la monitora nos dijo que íbamos a tener una nueva compañera que se llamaba Tammy. También nos dijo que iba a necesitar que la ayudáramos para que Tammy se sintiera a gusto y que quería que uno de nosotros fuera su compañera mientras se adaptaba.

Cuando Teresa me preguntó si yo quería ser la compañera que Tammy necesitaba, me sorprendí. Como yo era la que tenía más experiencia allí, creyó que era la persona indicada para ayudar a Tammy.

La monitora nos dijo que Tammy estaría casi todo el tiempo conmigo, pero que esperaba que todos los niños del grupo fueran pacientes y comprensivos porque Tammy tenía el síndrome de Down. Eso quería decir que tal vez necesitara ayuda en algunas de las actividades que hacíamos, sobre todo en el concurso de habilidades.

Todos nos asustamos un poco, quizás porque no sabíamos nada del síndrome de Down. Uno de los niños estaba preocupado porque pensaba que todos nos podíamos contagiar de Tammy y que por eso tal vez no era buena idea que viniera con nosotros. Otro niño preguntó si Tammy no debería ir a un campamento especial en lugar del nuestro, sobre todo porque necesitaría ayuda.

Teresa, la monitora, dijo que nuestro campamento de verano era para todos los niños y que eso incluía a Tammy. Luego nos explicó que cuando una persona tiene el síndrome de Down es porque nace con un gen de más. Cuando le preguntamos qué era eso, nos dijo que todos nacemos con genes, que son unas sustancias pequeñitas dentro de nuestros cuerpos, y los genes son los que nos hacen ser quienes somos.

Teresa dijo que los niños con síndrome de Down tienen rasgos que los distinguen de los demás. Generalmente tienen la cara redonda y aplanada, grandes ojos almendrados, piernas y brazos cortos, boca y orejas pequeñas. Algunos tienen problemas para oír o ver bien y otros necesitan más tiempo para aprender una cosa. ¿Sabías que hay niños con síndrome de Down que de mayores han llegado a ser actores o actrices?

Cuando llegó el día de
conocer a Tammy, yo
estaba emocionada pero
también un poco nerviosa.
¿Y si yo no le gustaba y
ella no quería que fuera su
compañera? Mi mamá me dijo
que me comportara como siempre
y que dejara que Tammy
decidiera y eso es lo que
hice. Fue entonces
cuando me di
cuenta que nos
habíamos hecho
amigas, porque
Tammy se reía mucho
con todas mis bromas.

Tammy era un poco lenta en algunas de las actividades deportivas que hacíamos, como las carreras o el juego de perseguirnos, pero era muy buena en otras cosas. Se le daban muy bien las manualidades, sobre todo la cerámica. Cogía un buen puñado de arcilla y la moldeaba como quería, haciendo lindos floreros o platos. Y cuando llegó el momento de demostrar nuestras habilidades para el concurso, me dio mucha vergüenza y no quería presentarme, pero Tammy no me dejó y me animó a ser valiente.

¡A todo el mundo le encantó! Tammy tocó la guitarra y yo la pandereta y cantamos juntas una de las canciones que habíamos aprendido en el campamento. ¡Éramos un gran equipo! Fue tan divertido que me olvidé de todos mis temores y lo mejor de todo fue que Tammy prometió que me enseñaría a tocar la guitarra.

Tammy y yo hemos sido muy amigas desde el primer día en que nos conocimos y, tal como prometió, me está enseñando a tocar la guitarra. Al igual que ella, yo también necesito que me ayuden en algunas cosas y no hay ningún problema con eso.

Guía para los padres

El propósito de este libro es reconocer la existencia del síndrome de Down en los niños y eliminar las barreras que se interponen entre aquellos que lo tienen y el resto de la población. Asimismo, pretende recordar que los niños diagnosticados con el síndrome de Down tienen el potencial y la capacidad de ser participantes activos en la sociedad y entre sus compañeros. ¡Esperamos que este libro ayude a promover una mayor comprensión y aceptación de todos los niños!

Según la National Down's Syndrome Society, solamente en EEUU uno de cada 733 nacimientos y más de 350.000 personas tienen síndrome de Down. Se trata de una de las alteraciones cromosómicas más comunes entre las personas. El síndrome de Down es una condición genética en la que una persona nace con un cromosoma 21 de más, o sea que tiene un total de 47 en lugar de 46. Aunque el síndrome de Down no se puede prevenir, sí se puede detectar durante el embarazo.

El descubrimiento de esta condición lo realizó Langdon Down en 1887, pero el cromosoma adicional no se descubrió hasta 1959.

Los niños con síndrome de Down tienen algunas características faciales y físicas comunes, como un perfil facial plano, ojos rasgados hacia arriba, una lengua más grande y una sola línea en la palma de la mano. Aunque muchos crecen a un ritmo más lento, son numerosos los que alcanzan un desarrollo pleno, aunque también es cierto que muchos niños con síndrome de Down son más bajos que otros de su misma edad.

El desarrollo cognitivo entre los niños con síndrome de Down varía según la persona, pero casi todos tienen dificultades entre ligeras a moderadas. Pueden presentar retrasos en el habla o dificultades motrices y madurar a un ritmo más lento con respecto a su desarrollo emocional, social e intelectual.

Aunque los niños con síndrome de Down alcanzan objetivos a un ritmo diferente, muchos son capaces de aprender lo suficiente para convertirse en miembros activos de la sociedad. Algunos pueden presentar defectos cardíacos congénitos, así como déficit auditivo y/o visual. En este último caso, el efecto se puede notar en el lenguaje y en la capacidad de aprendizaje del niño.

Las enfermedades más frecuentes en niños con síndrome de Down están relacionadas con problemas de la glándula tiroides, anormalidades intestinales, problemas respiratorios, obesidad, mayor vulnerabilidad a las infecciones y riesgo más alto de padecer leucemia infantil. Algunos niños también padecen ataques.

Las personas con síndrome de Down disponen de muchas oportunidades para alcanzar todo su potencial. Los programas recreativos, educativos y sociales les proporcionan la posibilidad de desarrollar sus habilidades y capacidades al tiempo que les dan la oportunidad de descubrir talentos ocultos.

Muchos programas, incluso el sistema educativo, tienen un enfoque integrado con respecto a los niños con síndrome de Down y su participación. Aunque la inclusión en clases regulares se basa en la capacidad académica y social del niño, la mayoría de los programas son de inclusión total. Cuando un padre se entera de que su hijo tiene síndrome de Down, normalmente experimenta una serie de emociones. Encontrar la información apropiada y las redes de apoyo que existen dentro de la comunidad resulta útil para aliviar muchas de estas preocupaciones iniciales.

Hay muchos programas adecuados a las necesidades individuales. Algunos niños necesitan ayuda física, ocupacional o de expresión oral y otros necesitan programas educativos especiales que sean beneficiosos para sus características propias.

Muchos niños con síndrome de Down son miembros activos de nuestra sociedad. Muchos acaban sus estudios secundarios e incluso cursan estudios universitarios. También son muchos los que encuentran empleo y pueden vivir de modo independiente.

Todos los niños merecen tener la oportunidad de desarrollar todo su potencial y de establecer relaciones duraderas. Tal vez si se rompen algunas de las barreras existentes entre todos los niños se pueda lograr que cada uno de ellos se esfuerce por alcanzar un nivel de excelencia y llegue a dar lo mejor de sí mismo.

MI AMIGA TIENE EL SÍNDROME DE DOWN

Primera edición para Estados Unidos y Canadá publicada
en 2008 por Barron's Educational Series, Inc.

© Copyright 2008 de Gemser Publications, S.L.
El Castell, 38; Teià (08329), Barcelona, España
(Derechos Mundiales)

Autora: Jennifer Moore-Mallinos
Ilustraciones: Marta Fàbrega

Dirigir toda correspondencia a:
Barron's Educational Series, Inc.
250 Wireless Boulevard
Hauppauge, NY 11788
www.barronseduc.com

ISBN-13: 978-0-7641-4077-8
ISBN-10: 0-7641-4077-9

Número de Control de la Biblioteca del Congreso: 2008926683

Impreso en China
9 8 7 6 5 4 3 2 1